全国人民代表大会常务委员会公报版

中华人民共和国
农业技术推广法

（最新修正本）

中国民主法制出版社

图书在版编目（CIP）数据

中华人民共和国农业技术推广法：最新修正本/全国人大常委会办公厅供稿．—北京：中国民主法制出版社，2024.5

ISBN 978-7-5162-3673-4

Ⅰ.①中…　Ⅱ.①全…　Ⅲ.①农业技术推广法—中国　Ⅳ.①D922.4

中国国家版本馆 CIP 数据核字（2024）第 096069 号

书名/中华人民共和国农业技术推广法

出版·发行/中国民主法制出版社
地址/北京市丰台区右安门外玉林里 7 号（100069）
电话/（010）63055259（总编室）　63058068　63057714（营销中心）
传真/（010）63055259
http://www.npcpub.com
E-mail:mzfz@npcpub.com
经销/新华书店
开本/32 开　850 毫米×1168 毫米
印张/1　　**字数**/17 千字
版本/2024 年 5 月第 1 版　2024 年 5 月第 1 次印刷
印刷/北京新华印刷有限公司

书号/ISBN 978-7-5162-3673-4
定价/8.00 元

目　　录

中华人民共和国主席令

第二十四号

《全国人民代表大会常务委员会关于修改〈中华人民共和国农业技术推广法〉、〈中华人民共和国未成年人保护法〉、〈中华人民共和国生物安全法〉的决定》已由中华人民共和国第十四届全国人民代表大会常务委员会第九次会议于2024年4月26日通过，现予公布，自公布之日起施行。

中华人民共和国主席　习近平

2024年4月26日

全国人民代表大会常务委员会关于修改《中华人民共和国农业技术推广法》、《中华人民共和国未成年人保护法》、《中华人民共和国生物安全法》的决定

（2024年4月26日第十四届全国人民代表大会常务委员会第九次会议通过）

第十四届全国人民代表大会常务委员会第九次会议决定：

一、对《中华人民共和国农业技术推广法》作出修改

（一）将第九条中的“国务院农业、林业、水利等部门”修改为“国务院农业农村、林业草原、水利等

部门”，删去其中的“同级人民政府科学技术部门对农业技术推广工作进行指导”。

（二）将第十九条中的“会同科学技术等相关部门”修改为“会同相关部门”。

（三）将第二十三条第二款中的“教育、人力资源和社会保障、农业、林业、水利、科学技术等部门”修改为“教育、人力资源和社会保障、农业农村、林业草原、水利、科学技术等部门”。

二、对《中华人民共和国未成年人保护法》作出修改

将第九条修改为：“各级人民政府应当重视和加强未成年人保护工作。县级以上人民政府负责妇女儿童工作的机构，负责未成年人保护工作的组织、协调、指导、督促，有关部门在各自职责范围内做好相关工作。”

三、对《中华人民共和国生物安全法》作出修改

（一）将第五十四条第二款、第五十六条、第五十七条、第七十九条、第八十条中的“科学技术主管部门”修改为“卫生健康主管部门”。

（二）将第五十四条第三款修改为：“国务院卫生健康、科学技术、自然资源、生态环境、农业农村、林业草原、中医药主管部门根据职责分工，组织开展生物资源调查，制定重要生物资源申报登记办法。”

本决定自公布之日起施行。

《中华人民共和国农业技术推广法》、《中华人民共和国未成年人保护法》、《中华人民共和国生物安全法》根据本决定作相应修改，重新公布。

中华人民共和国
农业技术推广法

（1993 年 7 月 2 日第八届全国人民代表大会常务委员会第二次会议通过　根据 2012 年 8 月 31 日第十一届全国人民代表大会常务委员会第二十八次会议《关于修改〈中华人民共和国农业技术推广法〉的决定》第一次修正　根据 2024 年 4 月 26 日第十四届全国人民代表大会常务委员会第九次会议《关于修改〈中华人民共和国农业技术推广法〉、〈中华人民共和国未成年人保护法〉、〈中华人民共和国生物安全法〉的决定》第二次修正）

目　　录

第一章　总　　则

第一条　为了加强农业技术推广工作，促使农业科研成果和实用技术尽快应用于农业生产，增强科技支撑保障能力，促进农业和农村经济可持续发展，实现农业现代化，制定本法。

第二条　本法所称农业技术，是指应用于种植业、林业、畜牧业、渔业的科研成果和实用技术，包括：

（一）良种繁育、栽培、肥料施用和养殖技术；

（二）植物病虫害、动物疫病和其他有害生物防治技术；

（三）农产品收获、加工、包装、贮藏、运输技术；

（四）农业投入品安全使用、农产品质量安全技术；

（五）农田水利、农村供排水、土壤改良与水土保持技术；

（六）农业机械化、农用航空、农业气象和农业信息技术；

（七）农业防灾减灾、农业资源与农业生态安全和农村能源开发利用技术；

（八）其他农业技术。

本法所称农业技术推广，是指通过试验、示范、培训、指导以及咨询服务等，把农业技术普及应用于农业产前、产中、产后全过程的活动。

第三条　国家扶持农业技术推广事业，加快农业技术的普及应用，发展高产、优质、高效、生态、安全农业。

第四条　农业技术推广应当遵循下列原则：

（一）有利于农业、农村经济可持续发展和增加农民收入；

（二）尊重农业劳动者和农业生产经营组织的意愿；

（三）因地制宜，经过试验、示范；

（四）公益性推广与经营性推广分类管理；

（五）兼顾经济效益、社会效益，注重生态效益。

第五条　国家鼓励和支持科技人员开发、推广应用先进的农业技术，鼓励和支持农业劳动者和农业生产经营组织应用先进的农业技术。

国家鼓励运用现代信息技术等先进传播手段，普及农业科学技术知识，创新农业技术推广方式方法，提高推广效率。

第六条　国家鼓励和支持引进国外先进的农业技术，促进农业技术推广的国际合作与交流。

第七条　各级人民政府应当加强对农业技术推广工作的领导，组织有关部门和单位采取措施，提高农业技术推广服务水平，促进农业技术推广事业的发展。

第八条　对在农业技术推广工作中做出贡献的单位和个人，给予奖励。

第九条　国务院农业农村、林业草原、水利等部门（以下统称农业技术推广部门）按照各自的职责，负责全国范围内有关的农业技术推广工作。县级以上地方各级人民政府农业技术推广部门在同级人民政府的领导下，按照各自的职责，负责本行政区域内有关的农业技术推广工作。同级人民政府其他有关部门按照各自的职责，负责农业技术推广的有关工作。

第二章　农业技术推广体系

第十条　农业技术推广，实行国家农业技术推广机构与农业科研单位、有关学校、农民专业合作社、涉农企业、群众性科技组织、农民技术人员等相结合的推广体系。

国家鼓励和支持供销合作社、其他企业事业单位、社会团体以及社会各界的科技人员，开展农业技术推广服务。

第十一条 各级国家农业技术推广机构属于公共服务机构，履行下列公益性职责：

（一）各级人民政府确定的关键农业技术的引进、试验、示范；

（二）植物病虫害、动物疫病及农业灾害的监测、预报和预防；

（三）农产品生产过程中的检验、检测、监测咨询技术服务；

（四）农业资源、森林资源、农业生态安全和农业投入品使用的监测服务；

（五）水资源管理、防汛抗旱和农田水利建设技术服务；

（六）农业公共信息和农业技术宣传教育、培训服务；

（七）法律、法规规定的其他职责。

第十二条 根据科学合理、集中力量的原则以及县域农业特色、森林资源、水系和水利设施分布等情况，因地制宜设置县、乡镇或者区域国家农业技术推广机构。

乡镇国家农业技术推广机构，可以实行县级人民政府农业技术推广部门管理为主或者乡镇人民政府管理为主、县级人民政府农业技术推广部门业务指导的体制，具体由省、自治区、直辖市人民政府确定。

第十三条　国家农业技术推广机构的人员编制应当根据所服务区域的种养规模、服务范围和工作任务等合理确定，保证公益性职责的履行。

国家农业技术推广机构的岗位设置应当以专业技术岗位为主。乡镇国家农业技术推广机构的岗位应当全部为专业技术岗位，县级国家农业技术推广机构的专业技术岗位不得低于机构岗位总量的百分之八十，其他国家农业技术推广机构的专业技术岗位不得低于机构岗位总量的百分之七十。

第十四条　国家农业技术推广机构的专业技术人员应当具有相应的专业技术水平，符合岗位职责要求。

国家农业技术推广机构聘用的新进专业技术人员，应当具有大专以上有关专业学历，并通过县级以上人民政府有关部门组织的专业技术水平考核。自治县、民族乡和国家确定的连片特困地区，经省、自治区、直辖市人民政府有关部门批准，可以聘用具有中专有关专业学历的人员或者其他具有相应专业技术水平的人员。

国家鼓励和支持高等学校毕业生和科技人员到基层从事农业技术推广工作。各级人民政府应当采取措施，吸引人才，充实和加强基层农业技术推广队伍。

第十五条　国家鼓励和支持村农业技术服务站点和农民技术人员开展农业技术推广。对农民技术人员协助开展公益性农业技术推广活动，按照规定给予补助。

农民技术人员经考核符合条件的，可以按照有关规定授予相应的技术职称，并发给证书。

国家农业技术推广机构应当加强对村农业技术服务站点和农民技术人员的指导。

村民委员会和村集体经济组织，应当推动、帮助村农业技术服务站点和农民技术人员开展工作。

第十六条　农业科研单位和有关学校应当适应农村经济建设发展的需要，开展农业技术开发和推广工作，加快先进技术在农业生产中的普及应用。

农业科研单位和有关学校应当将其科技人员从事农业技术推广工作的实绩作为工作考核和职称评定的重要内容。

第十七条　国家鼓励农场、林场、牧场、渔场、水利工程管理单位面向社会开展农业技术推广服务。

第十八条　国家鼓励和支持发展农村专业技术协会等群众性科技组织，发挥其在农业技术推广中的作用。

第三章　农业技术的推广与应用

第十九条　重大农业技术的推广应当列入国家和地方相关发展规划、计划，由农业技术推广部门会同相关部门按照各自的职责，相互配合，组织实施。

第二十条　农业科研单位和有关学校应当把农业生

产中需要解决的技术问题列为研究课题，其科研成果可以通过有关农业技术推广单位进行推广或者直接向农业劳动者和农业生产经营组织推广。

国家引导农业科研单位和有关学校开展公益性农业技术推广服务。

第二十一条 向农业劳动者和农业生产经营组织推广的农业技术，必须在推广地区经过试验证明具有先进性、适用性和安全性。

第二十二条 国家鼓励和支持农业劳动者和农业生产经营组织参与农业技术推广。

农业劳动者和农业生产经营组织在生产中应用先进的农业技术，有关部门和单位应当在技术培训、资金、物资和销售等方面给予扶持。

农业劳动者和农业生产经营组织根据自愿的原则应用农业技术，任何单位或者个人不得强迫。

推广农业技术，应当选择有条件的农户、区域或者工程项目，进行应用示范。

第二十三条 县、乡镇国家农业技术推广机构应当组织农业劳动者学习农业科学技术知识，提高其应用农业技术的能力。

教育、人力资源和社会保障、农业农村、林业草原、水利、科学技术等部门应当支持农业科研单位、有关学校开展有关农业技术推广的职业技术教育和技术培训，提高农业技术推广人员和农业劳动者的技术素质。

国家鼓励社会力量开展农业技术培训。

第二十四条　各级国家农业技术推广机构应当认真履行本法第十一条规定的公益性职责，向农业劳动者和农业生产经营组织推广农业技术，实行无偿服务。

国家农业技术推广机构以外的单位及科技人员以技术转让、技术服务、技术承包、技术咨询和技术入股等形式提供农业技术的，可以实行有偿服务，其合法收入和植物新品种、农业技术专利等知识产权受法律保护。进行农业技术转让、技术服务、技术承包、技术咨询和技术入股，当事人各方应当订立合同，约定各自的权利和义务。

第二十五条　国家鼓励和支持农民专业合作社、涉农企业，采取多种形式，为农民应用先进农业技术提供有关的技术服务。

第二十六条　国家鼓励和支持以大宗农产品和优势特色农产品生产为重点的农业示范区建设，发挥示范区对农业技术推广的引领作用，促进农业产业化发展和现代农业建设。

第二十七条　各级人民政府可以采取购买服务等方式，引导社会力量参与公益性农业技术推广服务。

第四章　农业技术推广的保障措施

第二十八条　国家逐步提高对农业技术推广的投

入。各级人民政府在财政预算内应当保障用于农业技术推广的资金，并按规定使该资金逐年增长。

各级人民政府通过财政拨款以及从农业发展基金中提取一定比例的资金的渠道，筹集农业技术推广专项资金，用于实施农业技术推广项目。中央财政对重大农业技术推广给予补助。

县、乡镇国家农业技术推广机构的工作经费根据当地服务规模和绩效确定，由各级财政共同承担。

任何单位或者个人不得截留或者挪用用于农业技术推广的资金。

第二十九条　各级人民政府应当采取措施，保障和改善县、乡镇国家农业技术推广机构的专业技术人员的工作条件、生活条件和待遇，并按照国家规定给予补贴，保持国家农业技术推广队伍的稳定。

对在县、乡镇、村从事农业技术推广工作的专业技术人员的职称评定，应当以考核其推广工作的业务技术水平和实绩为主。

第三十条　各级人民政府应当采取措施，保障国家农业技术推广机构获得必需的试验示范场所、办公场所、推广和培训设施设备等工作条件。

地方各级人民政府应当保障国家农业技术推广机构的试验示范场所、生产资料和其他财产不受侵害。

第三十一条　农业技术推广部门和县级以上国家农业技术推广机构，应当有计划地对农业技术推广人员进行技术培训，组织专业进修，使其不断更新知识、提高业务水平。

第三十二条　县级以上农业技术推广部门、乡镇人民政府应当对其管理的国家农业技术推广机构履行公益性职责的情况进行监督、考评。

各级农业技术推广部门和国家农业技术推广机构，应当建立国家农业技术推广机构的专业技术人员工作责任制度和考评制度。

县级人民政府农业技术推广部门管理为主的乡镇国家农业技术推广机构的人员，其业务考核、岗位聘用以及晋升，应当充分听取所服务区域的乡镇人民政府和服务对象的意见。

乡镇人民政府管理为主、县级人民政府农业技术推广部门业务指导的乡镇国家农业技术推广机构的人员，其业务考核、岗位聘用以及晋升，应当充分听取所在地的县级人民政府农业技术推广部门和服务对象的意见。

第三十三条　从事农业技术推广服务的，可以享受国家规定的税收、信贷等方面的优惠。

第五章　法律责任

第三十四条　各级人民政府有关部门及其工作人员未依照本法规定履行职责的，对直接负责的主管人员和其他直接责任人员依法给予处分。

第三十五条　国家农业技术推广机构及其工作人员未依照本法规定履行职责的，由主管机关责令限期改正，通报批评；对直接负责的主管人员和其他直接责任人员依法给予处分。

第三十六条　违反本法规定，向农业劳动者、农业生产经营组织推广未经试验证明具有先进性、适用性或者安全性的农业技术，造成损失的，应当承担赔偿责任。

第三十七条　违反本法规定，强迫农业劳动者、农业生产经营组织应用农业技术，造成损失的，依法承担赔偿责任。

第三十八条　违反本法规定，截留或者挪用用于农业技术推广的资金的，对直接负责的主管人员和其他直接责任人员依法给予处分；构成犯罪的，依法追究刑事责任。

第六章　附　则

第三十九条　本法自公布之日起施行。

关于《〈中华人民共和国农业技术推广法〉等3部法律的修正案（草案）》的说明

——2024年4月23日在第十四届全国人民代表大会常务委员会第九次会议上

司法部部长　贺　荣

委员长、各位副委员长、秘书长、各位委员：

我受国务院委托，现对《〈中华人民共和国农业技术推广法〉等3部法律的修正案（草案）》（以下简称修正案草案）作说明。

一、基本情况

为深入贯彻习近平总书记在党的二十届二中全会上的重要讲话精神，全面落实全会审议通过的《党和国家机构改革方案》以及十四届全国人大一次会议批准的《国务院机构改革方案》，确保行政机关依法履行职责，司法部坚持把机构改革涉及法律法规专项清理工作作为一项重大政治任务，成立了机构改革涉及法律法规清理工作领导小组，研究制定方案，加强统筹协调，会同各有关单位进行了全面清理。根据清理结果，需要修改的法律共有6部。其中，《中华人民共和国商标法》、《中华人民共和国中国人民银行法》、《中华人民共和国商业银行法》3部法律将全面修订，已列入《十四届全国人大常委会立法规划》。《中华人民共和国农业技术推广法》、《中华人民共和国未成年人保护法》、《中华人民共和国生物安全法》3部法律，需要就重点问题一揽子修改。司法部会同有关单位起草了修正案草案。修正案草案已经国务院常务会议讨论通过。

二、修改的主要内容

修正案草案主要针对机构改革涉及有关国务院部门职能优化调整，对《中华人民共和国农业技术推广法》等3部法律有关条款进行了修改。

（一）关于《中华人民共和国农业技术推广法修正案（草案）》

《党和国家机构改革方案》将科技部的组织拟订科技促进农业农村发展规划和政策、指导农村科技进步职责划入农业农村部。为此，将《中华人民共和国农业技术推广法》第九条中的“同级人民政府科学技术部门对农业技术推广工作进行指导”删除，“国务院农业、林业、水利等部门”修改为“国务院农业农村、林业草原、水利等部门”；将第十九条中的“会同科学技术等相关部门”修改为“会同相关部门”；将第二十三条第二款中的“教育、人力资源和社会保障、农业、林业、水利、科学技术等部门”修改为“教育、人力资源和社会保障、农业农村、林业草原、水利、科学技术等部门”。

（二）关于《中华人民共和国未成年人保护法修正案（草案）》

根据党中央、国务院关于优化调整议事协调机构的决策部署，优化了国务院妇女儿童工作委员会职责，明确其仍作为国务院议事协调机构，划入国务院未成年人保护工作领导小组职责，不再保留国务院未成年人保护工作领导小组及其办公室。为此，将《中华人民共和国未成年人保护法》第九条修改为：“各级人民政府应当重视和加强未成年人保护工作，有关部门在各自职责范围内做好相关工作；县级以上人民政府负责妇女儿童工作的机构，负责组织、协调、指导、督促。”

（三）关于《中华人民共和国生物安全法修正案（草案）》

《中共中央办公厅、国务院办公厅关于调整国家卫生健康委员会职责机构编制的通知》将科技部的组织拟订科技促进卫生健康发展规划和政策职责划入国家卫生健康委。为此，将《中华人民共和国生物安全法》规定人类遗传资源管理主体的第五十四条第二款、第五十六条、第五十七条、第七十九条、第八十条中的“科学技术主管部门”修改为“卫生健康主管部门”；将第五十四条第三款修改为：“国务院卫生健康、科学技术、自然资源、生态环境、农业农村、林业草原、中医药主管部门根据职责分工，组织开展生物资源调查，制定重要生物资源申报登记办法。”

修正案草案和以上说明是否妥当，请审议。

全国人民代表大会宪法和法律委员会关于《〈中华人民共和国农业技术推广法〉等3部法律的修正案（草案）》审议结果的报告

全国人民代表大会常务委员会：

本次常委会会议于4月23日下午对农业技术推广法等三部法律的修正案草案进行了分组审议。普遍认为，为贯彻落实党中央决策部署和十四届全国人大一次会议批准的《国务院机构改革方案》精神，确保有关行政机关依法履行职责，对农业技术推广法等三部法律涉及机构职能调整的相关规定作出修改，是必要的，赞成修正案草案，建议提请本次常委会会议表决通过。同时，有些常委会组成人员和列席人员还提出了一些修改意见和建议。宪法和法律委员会于4月23日晚召开会议，逐条研究了常委会组成人员和列席人员的审议意见，对修正案草案进行统一审议。司法部有关负责同志列席了会议。宪法和法律委员会认为，修正案草案总体是可行的，同时，提出以下修改意见：

一、根据常委委员的审议意见，宪法和法律委员会经研究，建议在修改决定标题中将拟修改的三部法律的名称逐一列明。

二、根据有关方面的意见，宪法和法律委员会经研究，建议将修正案草案第二条中的“各级人民政府”有关部门，修改为“县级以上人民政府”有关部门。

经与有关部门研究，建议将本决定的施行时间确定为公布之日。

宪法和法律委员会已按上述意见提出了全国人民代表大会常务委员会关于修改《中华人民共和国农业技术推广法》、《中华人民共和国未成年人保护法》、《中华人民共和国生物安全法》的决定（草案），建议提请本次常委会会议审议通过。

修改决定草案和以上报告是否妥当，请审议。

全国人民代表大会宪法和法律委员会

2024 年 4 月 25 日